Bibliografische Information der Deutschen Nationalbibliothek:

Die Deutsche Bibliothek verzeichnet diese Publikation in der Deutschen National-
bibliografie; detaillierte bibliografische Daten sind im Internet über http://dnb.d-
nb.de/ abrufbar.

Impressum:

Copyright © 2007 GRIN Verlag, Open Publishing GmbH
Druck und Bindung: Books on Demand GmbH, Norderstedt Germany
ISBN: 9783656022596

Dieses Buch bei GRIN:

http://www.grin.com/de/e-book/111590/zum-ablaut-im-deutschen-vom-vorgerma-
nischen-bis-zum-neuhochdeutschen

Volodymyr Kalinkin

Zum Ablaut im Deutschen - Vom Vorgermanischen bis zum Neuhochdeutschen

GRIN Verlag

Universität Duisburg-Essen, (Campus Essen) Fachbereich 3
Deutsche Sprachgeschichte
SS 2007, 9. Fachsemester

Zum Ablaut im Deutschen

(vom Vorgermanischen bis zum Neuhochdeutschen)

Volodymyr Kalinkin

Inhaltsverzeichnis

1. Einleitung

Ablaut ist der regelmäßige Wechsel bestimmter Vokalqualitäten und Vokalquantitäten in etymologisch zusammengehörigen Wörtern, der auf die indogermanische Akzentverhältnisse zurückgeht.[1] Im Deutschen ist der Ablaut zu einem Ablautsystem ausgebaut worden, das bei den starken Verben bis heute erhalten ist.

Der Ablaut ist für den Unterschied zwischen Präsens, Präteritum und Partizip 2. verantwortlich, und damit ist der Ablaut das wichtigste Unterscheidungsmerkmal zwischen unregelmäßiger und regelmäßiger Konjugation:[2]

lieben-liebte-geliebt (regelmäßig)

singen-sang-gesungen (unregelmäßig)

Die Verben, die nur mit Ablaut ihre Formen bilden, sind die starken Verben. Sie bilden die Hauptgruppe der unregelmäßigen Verben. Ihr kennzeichnendes Merkmal in der Formenbildung ist der Wechsel des Stammvokals, der Ablaut. Die starken Verben ändern den Stammvokal im Präteritum und meistens im Partizip Perfekt:[3]

singen-sang-gesungen, liegen-lag-gelegen

Man kann alle ablautenden Verben im Deutschen in 3 Gruppen unterteilen:[4]

1. Die Verben, die im Präsens, Präteritum und im Partizip 2 je einen anderen Lexemvokal haben:
   binden-band-gebunden

2. Die Verben mit gleichem Lexemvokal im Präsens und Partizip 2:
   fahren-fuhr-gefahren

---

[1] Vgl. Hennings, 2001, S. 47.
[2] Vgl. Grammatik Duden, 1998, S. 126.
[3] Vgl. Dreyer, 2000, S. 37.
[4] Vgl. Kern, 1977, S. 19.

3. Die anderen übriggebliebenen Verben:

heben-hob-gehoben

Der Ablaut ist durch die Einwirkung des freien Wortakzents auf der indogermanischen Sprachstufe entstanden. Auf Grund der Rekonstruktion kann angenommen werden, dass das Indogermanische über einen sog. *freien (beweglichen) Akzent*[5] verfügte. In Sprachen mit freiem Akzent kann jeder Vokal und jede Silbe (Stammsilbe, Affix, Endung) betont werden und die Unterschiede in der Akzentstelle sind bedeutungsunterscheidend. Die meisten Forscher vermuten, dass das Indogermanische über einen musikalischen und einen dynamischen Tonakzent verfügte. Über die genaue Art der Tonführung lässt sich bei den genannten Akzentarten wenig sagen, da die germanische Sprachen den tonischen Akzent umgestaltet haben.

---

[5] Freier Akzent wird auch im Metzler-Lexikon als ungebundener Akzent mit der Bedeutungsdifferenzierenden Funktion bezeichnet.

2. Der Ablaut im Vorgermanischen

Zum Vorgermanischen ist dieses Akzentsystem aufgegeben worden. Der Akzent wurde auf die Wurzelsilbe festgelegt. Die musikalische und dynamische Akzente sind verschwunden. Die Artikulation der Vokale hat die bedeutungsunterscheidende Funktion bekommen. Als Ausgangspunkt diente der indogermanische Wechsel des Vokals **e** zu **o**,[6] der durch unterschiedliche Vokal- und Konsonantenumgebung seine Qualitäten geändert hat (z. B. Abtönung, Dehnung oder Schwund des Vokals). An den Stellen, wo ein Vokal ausfiel, wurde Sonant[7] vokalisiert und silbertragend. Sonanten enthalten ein vokalisches Element, was im Germanischen die Sprossung eines **u** auf der Schwundstufe ermöglicht. Das **u** wird benötigt, da die Wurzelbetonung im Germanischen einen Vokal in der Wurzel verlangt. Als Beispiel nehmen wir das Verb *binden* (Ablautreihe 3) im Präteritum und im Partizip Perfekt:

(Im Indogermanischen) **bhendhonom-bhondha-bhndhm-bhndhonos**[8]
(Im Germanischen)   **bindanan-band-bundum-bundanaz**

Im Vorgermanischen gibt es 2 Hauptklassen des Verbs, die sich durch die Art der Präteritumbildung voreinander unterscheiden:[9]

1. Die ablautenden Verben. Der Lexemvokal ändert sich oder schwindet im Präteritum.

   (binden) **bhendhomes** – (ich band) **bhondha** – (Part. 2) **bhndhonos**

2. Die reduplizierenden Verben. Hier wird im Präteritum ein Präfix dem Lexem vorangestellt.

   (heißen) **koidomes** – (ich hieß) <u>**ke**</u>**koida**

---

[6] Vgl. Ehrismann, 1976, S. 75.
[7] Laut Metzler-Lexikon 1993, S. 561, ist ein Sonant (lat. *sonare* `klingen´) ein stimmhafter Sprachlaut, welcher einen Silbenkern bilden kann.
[8] Vgl. etwa die Tabelle im Kern, 1977, S. 27.
[9] Vgl. Kern, 1977, S. 27.

Die ablautenden Verben im Vorgermanischen lassen sich in 6 Ablautreihen unterteilen.[10] Die ersten 5 Ablautreihen lassen sich durch Wechsel des Stammvokals auszeichnen. Sie haben den Lexemvokal **e** im Singular Präsens, und **o** im Singular Präteritum. Sie unterscheiden sich voneinander in ihrem Ablautverhalten im Plural Präteritum und im Partizip 2 (Schwund bzw. Dehnung des Vokals). Die Ablautreihen 3, 4 und 5 erweisen sich als phonologisch bedingte Varianten. Der Lautwechsel regelt sich automatisch nach den Folgelauten. In der Ablautreihe 3 folgen auf den Lexemvokal ein Sonant *l, m, n, r* und ein Konsonant. In der 4. Ablautreihe steht nur ein Sonant nach dem Lexemvokal. In der Ablautreiche 5 steht nur ein Konsonant nach dem Lexemvokal. In der Ablautreihe 6 wird der Stammvokal nur gedehnt.

1. **reidh-, roidh-, ridh-, ridh-** (e + i)
2. **beugh-, bough-, bugh-, bugh-** (e + u)
3. **bhendh-, bhondh-, bhndh-, bhndh-** (Konsonant + e + Sonant + Kon.)
4. **nem-, nom-, nēm-, nm-** (Konsonant + e + Sonant)
5. **ghebh-, ghobh-, ghēbh-, ghebh-** (Konsonant + e + Konsonant)
6. **por-, pōr-, pōr-, por-**

---

[10] Vgl. Metzler-Lexikon, 1993, S. 5.

3. Der Ablaut im Germanischen

Wie im Vorgermanischen, gibt es im Germanischen zwei Hauptklassen des Verbs:[11]

1. Ablautende Klasse. Diese Klasse ist um die reduplizierenden Verben des Vorgermanischen erweitert, die sich dem ablautenden Typus angeschlossen haben.

   kekoida (ich hieß **im Vg.**) – **het** (ich hieß **im Germ.**)

2. Die zweite Verbklasse ist durch Suffigierung im Präteritum gekennzeichnet. Sie ist eine Neuerung des Germanischen. Diese Verben werden später als die schwachen Verben genannt.

Folgende Änderungen sind zum Germanischen stattgefunden:[12]

1. Die ehemals reduplizierenden Verben haben sich der ablautenden Klasse angeschlossen und eine weitere siebte Ablautreihe gebildet.[13] Die Übernahme des ablautenden Beugungsprinzips geschah im Rahmen einer Tendenz zur Systemvereinheitlichung (Sprachwandel durch Analogie).

   heit-, het-, het-, heit- (heißen)

2. Im Vorgermanischen war die Ablautfolge abhängig von der Phonemstruktur der Verbwurzel. So, z. B. galt das gleiche Ablautschema für alle Verben mit der Phonemfolge Konsonant + e + Sonant + Konsonant. Im Germanischen ist die phonologische Entwicklung **(e) ei** zu **i** stattgefunden, die zu einer Störung des alten Prinzips führt.

---

[11] Vgl. Kern, 1977, S. 35.
[12] Vgl. Kern, 1977, S. 36-37.
[13] Laut Metzler-Lexikon, behält die 7. Ablautreihe, die als einzige die indogermanische Perfektreduplikation bewahrt hat, nur in einigen Unterklassen den Ablaut als zusätzlicher Tempus-Modus Marker. Da in den meisten germanischen Einzelsprachen jedoch die Reduplikation verloren geht, entwickeln sich sekundäre Ablautschemata (got. haitan : haihait vs. ahd. heizzan : hiez).

vg. **bhendh-** zu germ. **bind-** (binden)

vg. **reidh-** zu germ. **rid-** (reiten)

3. Zum Germanischen ist eine Wandlung von **o** zu **a** in den Ablautreihen
1-5 im Präteritum Singular stattgefunden.

vg. **roidh-**   wird zu germ. **raid-**

vg. **bough-**   wird zu germ. **baug-**

vg. **bhondh-** wird zu germ. **band-**

vg. **nom-**   wird zu germ. **nam-**

vg. **ghobh-**   wird zu germ. **gab-**

Man ordnet die starken Verben im Germanischen in sieben Ablautreihen:[14]

1. **rīd-, raid-, rid-, rid-** (reiten)
2. **beug-, baug-,bug-,bug-** (biegen)
3. **bind-, band- ,bund-, bund-** (binden)
4. **nem-, nam-, nem-, num-** (nehmen)
5. **geb-, gab-, gāb-, geb-** (geben)
6. **far-, fōr-, fōr-, far-** (fahren)
7. **heit-, het-, het-, heit-** (heißen)

---

[14] Vgl. etwa die Tabelle im Kern, 1977, S. 36.

4. Der Ablaut im Althochdeutschen

Folgende Änderungen sind zum Althochdeutschen stattgefunden:[15]

1. Beim Übergang vom Germanischen zum Althochdeutschen kommt es zu einer Aufspaltung der ersten Ablautreihe durch die althochdeutsche Monophthongierung. Der germanische Diphthong **ai** wird zu ahd. **ei**. Vor *r*, *h*, *w* wurde der germanische Diphthong **ai** zu ahd. **ē** monophthongiert.

    Ablautreihe 1a. **rītan – reit – ritum - giritan**
    1b. **zīhan – zēh – zigum – gizigan**

2. Beim Übergang vom Germanischen zum Althochdeutschen spaltet sich die Ablautreihe 2 durch die althochdeutsche Monophthongierung auf. Aus dem Germanischen **au** in der Abtönungsstufe wurde ein **ou**. Vor den Dentalen *d*, *t*, *z*, *s* und germanischen *h* wurde **ō**.

    Ablautreihe 2a. **biogan – bouc – bugum - gibogan**
    2b. **biotan – bōt – butum – gibotan**

3. In der Ablautreihe drei kommt es durch die Einwirkung des Sonantes zur Sprossung eines **u** in der vierten Stammform. Das **u** wird benötigt, da die Wurzelbetonung im Germanischen einen Vokal in der Wurzel verlangt. Manchmal findet die Brechung von **u** zu **o** im Althochdeutschen im Partizip Präteritum statt, da das Partizip Präteritum auf *–an* endet. Das **u** unterbleibt vor einer Nasalverbindung. Somit ergibt sich eine Aufspaltung der 3. Ablautreihe.

    Ablautreihe 3a. **singen-sanc-sungun-gisungan**
    3b. **werfen-warf-wurfun-giworfan**

---

[15] Vgl. http://www.uni-tuebingen.de/uni/ndm/allgemein/stvI-V.htm

4. In der Ablautreihe 4, in der 3. Stammform liegt nicht wie in den Ablautreihen 1-3 eine Schwundstufe, sondern eine Dehnstufe vor. Beim Übergang vom Germanischen zum Althochdeutschen kommt es zu einem spontanen Lautwandel von ē zu ā. Durch das vokalische Element (Sonant) kommt es im Germanischen zur Sprossung eines **u** in der Schwundstufe, das für die Wurzelbetonung benötigt wird. Im Althochdeutschen wird dieses **u** im Partizip Präteritum zu *o* gebrochen, weil das althochdeutsche Partizip Präteritum auf *–an* endet.

(Im Germanischen)   **nemanan-nam-nēmum-numanaz**
(Im Althochdeutschen) **neman-nam-nāmum-ginoman**

5. In der fünften Ablautreihe ist das Schema *Grundstufe-Abtönungsstufe-Dehnstufe-Grundstufe* (**e-a-ā-e**) durchführbar, weil es keinen Sonorlaut gibt, der zur Einhaltung der Wurzelbetonung im Germanischenein **u** sprossen könnte. Wie z. B. in den Ablautreihen drei oder vier in der Schwundstufe.
(Im Althochdeutschen) **geban-gap-gābum-gigeban**

6. In der Ablautreihe 6 ist zum Althochdeutschen eine Diphthongierung **o** zu **uo** im Präteritum stattgefunden.

fōr- (im Germanischen) wird zu **fuor-** (im Althochdeutschen)

5. Der Ablaut im Mittelhochdeutschen

Die Klassifizierung der starken Verben im Mittelhochdeutschen erfährt gegenüber dem Althochdeutschen keine große Veränderungen. Nur in der siebten Ablautreihe fallen zwei Diphthongs **ia** und **io** im Präteritum zusammen. Alle Verben der siebten Ablautreihe bekommen einen einheitlichen Diphthong **ie** im Präteritum.

hiaz (Im Althochdeutschen) wird zu **h**iez (Im Mittelhochdeutschen)
liof (Im Althochdeutschen) wird zu lief (Im Mittelhochdeutschen)

Man ordnet die starken Verben in sieben Ablautreihen:[16]

1.a	**i-ei-i-i**		**riten-reit-riten-geriten**
b.	**i-e-i-i**	(vor r,w,h)	**zihen-zeh-zigen-gezigen**
2.a.	**ie-ou-u-o**		**biegen-bouc-bugen-gebogen**
b.	**ie-o-u-o**	(vor Dental, h)	**bieten-bot-buten-geboten**
3.a.	**i-a-u-u**	(+m,n+Konsonant)	**binden-bant-bunden-gebunden**
b.	**e-a-u-o**	(+l,r+Konsonant)	**werfen-warf-wurfen-geworfen**
4.	**e-a-a-o**	(+l,m,n,r,hh)	**nehmen-nam-namen-genomen**
5.	**e-a-a-e**	(+ Konsonant)	**geben-gap-gaben-gegeben**
6.	**a-uo-uo-a**		**graben-gruop-gruoben-gegraben**
7.	**– ie-ie –**	(a,ei,ou,o,uo)	**heizzen-hiez-hiezen-geheizzen**

A. Die Ablautreihen 3-5 sind nahe verwandt. In allen drei Reihen begegnet ein Ablaut **e-a** (z. B. **nehmen-nam**). Man unterscheidet diese Reihen nach den Konsonanten, die auf den ablautenden Vokal folgen.

---

[16] Vgl. Seidel, 1979, S. 130-132.

B. Die Verben der 7. Reihe haben in ihrem Stamm sechs verschiedene Vokale. Gemeinsam ist allen der Diphthong **ie** im Präteritum.

C. In der Reihe 5. gibt es drei Verben, die Vokal **i** statt **e** im Präsensstamm haben (**bitten, liegen, sitzen**). Das **i** ist durch **j-Suffix** bewirkt worden, das ursprünglich im Präsensstamm stand. Deswegen nennt man sie **j-Präsentia**.

D. In der Reihe 6 gibt es auch 3 j-Präsentia (**heben, schepfen, swern**). Sie haben **e** statt **a** im Präsensstamm.

6. Der Ablaut im Neuhochdeutschen

Im Neuhochdeutschen sind die Unterschiede innerhalb des Präteritums durch Systemausgleich beseitigt.[17] Zum Neuhochdeutschen setzen alle starken Verben im ganzen Präteritum einen einheitlichen Lexemvokal durch und damit fällt die Ablautdifferenzierung nach Singular und Plural weg:

mhd. **binden-bant-bunden-gebunden**
nhd. **binden-band-banden-gebunden**

Manchmal hat sich die Singularform (z. B. **band-banden**), manchmal die Pluralform (z. B. **ritt-ritten**) durchgesetzt. Das führte auch zur weiteren Aufsplitterung der Unterklassen. Durch diese Vorgänge ist das regelmäßige System der Ablautreihen aufgelöst.

7. Zusammenfassung

Die Klasse der ablautenden Verben ist heute nicht mehr produktiv. Ihre Zahl nimmt sogar ab, indem viele starke Verben entweder schon schwach konjugiert oder wenig bzw. gar nicht mehr gebraucht werden und dadurch aussterben. Alle Neubildungen bei den Verben werden bis heute schwach gebeugt. Insgesamt gibt es heute im Deutschen rund 170 ablautende Verben, die sich auf 39 Ablautreihen verteilen.[18]

---

[17] Vgl. Seidel, 1979, S. 128.
[18] Vgl. etwa die Liste im Grammatik Duden, 1998, S. 127.

8. Literaturverzeichnis

1. Dreyer, Hilke u. a. (2000). Lehr- und Übungsbuch der deutschen Grammatik. Neubearbeitung. Max Hueber Verlag. Ismaning. (ISBN 3-19-007255-8).

2. Ehrismann, Otfrid u. a. (1976). Mittelhochdeutsch. Eine Einführung in das Studium der deutschen Sprachgeschichte. Max Niemeyer Verlag. Tübingen. (ISBN 3-484-25023-2).

3. Glück, Helmut (Hrsg.) (1993). Metzler-Lexikon Sprache. Verlag J. B. Metzler. Stuttgart/ Weimar. (ISBN 3-476-00937-8).

4. Hennings, Thordis (2001). Einführung in das Mittelhochdeutsche. 2 Auflage. Walter de Gruyter. Berlin. (ISBN 3-11-017291-7 Gb).

5. Klosa, Annette u. a. (1998). Duden, Grammatik der deutschen Sprache. 6., neu bearbeitete Auflage. Dudenverlag. Mannheim. (ISBN 3-411-04046-7).

6. Kern, Peter Christian u. a. (1977). Geschichte des deutschen Flexionssystems. Germanische Arbeitshefte 22. Max Niemeyer Verlag. Tübingen. (ISBN 3-484-25026-7).

7. Seidel, Kurt Otto u. a. (1979). Einführung in das Mittelhochdeutsche. Band 8. Akademische Verlagsgesellschaft Athenaion. Wiesbaden. (ISBN 3-7997-0695-X).

Internetquellen

1. http://www.uni-tuebingen.de/uni/ndm/allgemein/stvI-V.htm